LETTRE

AU

PEUPLE.

Londres : Imprimé chez Joseph Thomas, 8, White Hart-street, Drury-Lane.

A NOS CONCITOYENS DE FRANCE ET D'EXIL.

FRÈRES,

Nous ne sommes point des directeurs d'opinion, des chefs d'école, des hommes d'état et de système, des donneurs d'ordres et des faiseurs de lois. Nous ne sommes pas au sommet du mont Sinaï, ni au balcon de l'Hôtel-de-Ville. Nous n'avons pas la prétention suprême de publier des programmes, de promulguer des chartes, de tenir les éclairs et d'imposer la vérité. Nous n'apportons ni les douze tables, ni les sept commandements, ni les quatre évangiles, ni les cinq codes, rassurez-vous! Nous ne sommes ni dictateurs, ni révélateurs; ni dieux, ni prophètes; ni Jésus, ni César. Nous ne voulons point constituer, point gouverner. Nous n'en avons pas plus le droit que la volonté. Nul n'en a le droit que le peuple. Le peuple seul est souverain.

Ni nous, ni d'autres, nous n'avons rien à dicter à la patrie, à la France, au peuple souverain. Le peuple saura mieux que nous ce qu'il devra faire; il voudra et pourra plus que nous; il sera plus éclairé, plus révolutionnaire et plus fort qu'aucun de nous. Tout le monde a plus d'esprit que Voltaire. Le peuple a toujours dépassé ses prétendus chefs. C'est avec lui que ce mot du Christ est absolument vrai: Les premiers sont les derniers; les derniers sont les premiers. En effet, les gouvernés devancent toujours les gouvernans. Ainsi le peuple du 10 Août voulait la République, quand ses gouvernans voulaient encore la royauté. Ainsi le peuple du 24 Février a voulu la République, quand ses gouvernans voulaient la régence. Ainsi le peuple du 15 Mai a protesté contre la réaction intérieure et extérieure de son gouvernement, contre le Manifeste Lamartine, et les 45 centimes. Ainsi le peuple de demain se lèvera encore à son heure et à son gré contre le gouvernement de Décembre et passera par dessus tous les nains qui voudront lui crier: halte ou marche! Comme Gul-

1 *

liver, il paraît lié, garotté à présent par les Lilliputiens qui
l'ont surpris dans sa nuit, dans le sommeil dont il dort depuis
ses rudes journées de Juin: mais il brisera, comme lui, tous
leurs fers, tous leurs fils, d'un seul mouvement de son réveil.
Quelle main peut retenir le géant? Quelle voix peut dire:
monte ou baisse à l'Océan?

Nous, proscrits, nous, gouttes d'eau sorties de l'océan populaire, nous y avons à peine laissé un vide que le flot a
comblé. Les jeunes entrent dans la carrière, quand les aînés
n'y sont plus. L'arbre ne perd pas les feuilles qu'il remplace.
Il n'y a que les rois qui disent: L'Etat c'est moi! Nous ne
croyons pas comme les anciens émigrés représenter la France
qui ne peut être représentée que par elle. Dieu nous garde
d'un pareil sacrilège! Nous n'avons pas l'orgueil ridicule et
impie d'avoir emporté la patrie à la semelle de nos souliers.
Nous ne reviendrons jamais sous un autre drapeau que celui
du peuple, avec une autre charte que sa souveraineté. Membres séparés du corps, parties imperceptibles du tout, éloi-
gnées, oubliées peut-être, humbles expatriés que nous sommes, nous ne représentons rien que nous-mêmes; nous ne
pouvons exprimer que des vœux, des avis tout au plus; tron-
çons épars, mais non anéantis nous ne voulons que nous re-
joindre, nous rattacher à la mère-patrie, contribuer à la vie
générale, mettre en commun notre foi, nos espérances qui
sont les vôtres, nous réunir à tous par la seule et vraie religion de la souveraineté du peuple.

Nous avons beau être séparés de la France de toute la
profondeur des mers et de toute la hauteur des monts: de
loin, comme de près, nous vivons toujours de sa vie, nous
pensons sa pensée, nous parlons sa parole; nous sommes un
écho lointain, mais fidèle du verbe de la patrie et nous usons
de la liberté qui nous reste de communiquer avec vous. Ce
n'est pas sans raison, ce ne sera pas sans profit que nous au-
rons été jetés sur une terre étrangère, où du moins la presse
est libre. Puisque, pour le moment, la censure a la main sur
la bouche de la France endormie, puisqu'il faut aujourd'hui

se féliciter de l'exil et bénéficier de la proscription, puisque
la voix des bannis est la seule libre à cette heure, qu'elle
parle donc! Qu'elle dise tout haut ce que chacun pense tout
bas! Qu'elle proteste au nom du droit public, qu'elle proclame les principes communs, qu'elle profère les aspirations
collectives, qu'elle serve enfin à nous rallier, à nous fortifier
mutuellement par un échange que ni douaniers, ni gendarmes
n'empêcheront, nous en parlant votre pensée, vous en pensant
notre parole! Qu'elle soit ainsi l'organe général des vœux et
des besoins, des intérêts et des idées de tous! Qu'elle crie et
recrie par dessus les frontières, qu'elle hâte, s'il se peut, le
réveil du peuple, de tous les peuples, qu'elle fasse entendre
à tous les républicains démocrates-socialistes de la France et
de l'Europe ce grand mot, ce mot de ralliement universel:
Révolution!

I.

DES PRINCIPES DE LA RÉVOLUTION.

LIBERTÉ, ÉGALITÉ, FRATERNITÉ.

Les principes de la révolution sont connus. Ils sont dans tous les
cœurs; ils ont été sur toutes les lèvres, comme sur tous les murs:
Liberté, Égalité, Fraternité. On peut les enlever un instant de nos
codes, de nos drapeaux et de nos monumens; on ne les effacera
jamais des consciences où ils sont gravés de la main de Dieu même,
comme la plus haute formule des lois humaines.

Est-il besoin de les définir longuement? Faut-il discuter ce qui
est le sentiment de tous? L'évidence se démontre-t-elle? Les so-
leils se voient et ne se prouvent pas.

LIBERTÉ.

La Liberté de l'homme a son titre dans la conscience et sa sanc-
tion dans la responsabilité. Ce qui distingue l'homme de la brute,
ce qui le fait un être libre, c'est la connaissance de soi-même, alliée
à la notion du bien et du mal. Sa conscience fait son droit. Ainsi
la liberté constitutive de l'homme, immanente et permanente en
lui, reconnue du temps même de Moïse et consacrée par la Bible
dans la vieille fable d'Adam fait libre et responsable, la liberté que
nos pères qui s'y entendaient ont mise justement en tête de la for-

mule républicaine, la liberté est le droit originel, aîné, premier, principal, antérieur et supérieur, sans lequel il n'y a rien, ni égalité, ni fraternité, ni citoyen, ni peuple, pas même l'homme. La liberté est la vie même.

La liberté est le droit naturel de développer ses facultés et de satisfaire ses besoins. L'homme libre, c'est-à-dire maître de lui-même, disposant de ses forces, pouvant, disons-nous, développer toutes ses facultés, satisfaire tous ses besoins, exercer tous ses droits, en un mot, accomplir sa destinée ; l'homme vraiment libre, qui ne dépend ni de l'espace, ni du temps, ni du besoin, ni de l'erreur, de rien ni de personne, qui ne dépend que de sa propre volonté ; l'homme libre ainsi, l'homme souverain est forcément l'égal de chacun et sera le frère de tous. La liberté entière entraîne nécessairement l'égalité et la fraternité.

De la liberté principe découlent toutes les libertés conséquences, libertés religieuses, civiles, politiques, commerciales, etc. ; liberté de conscience, liberté de pensée, de publication, d'enseignement, de discussion, quel qu'en soit le sujet et le mode, presse, tribune, club, chaire, théâtre, etc. ; liberté de réunion, d'association, liberté de vote et d'action, travail, industrie, échange, etc. ; toutes solidaires, essentielles, intégrales, absolues, toutes à la fois but et moyen, toutes inviolables, à ce point qu'un seul fait préventif contre une d'elles provoque l'insurrection comme le plus saint des devoirs. Ah ! qu'il nous soit permis d'insister quand même sur l'excellence de la liberté, aujourd'hui surtout qu'au nom de la souveraineté collective ou de l'autorité, un homme asservit tous les autres ! Que le peuple s'en souvienne à l'heure de la victoire ! Et quand il exercera vraiment sa souveraineté lui-même, qu'il consacre à jamais la liberté, la souveraineté individuelle, unique fondement, véritable palladium de la souveraineté ou liberté collective. L'homme est sociable pour augmenter et non pour diminuer sa liberté. En se rapprochant de ses semblables, il ne se borne pas, il s'appuie. La société doit être une extension et non une restriction de l'individu. Donc plus d'autorité compressive, préventive du droit ; point de prévention contre l'exercice, mais répression de l'abus : liberté et responsabilité.

ÉGALITÉ.

L'Égalité qui suit est le droit de justice, d'équité, le droit social, l'équilibre des individus, le principe d'ordre et d'unité. Elle tient avec raison le second rang dans la formule. Elle vient après et par la liberté, comme la société ne vient qu'après et par l'individu. Les hommes sont égaux non-seulement parce qu'ils sont semblables, comme on l'a dit tant de fois, mais surtout parce qu'ils sont différents. Les hommes sont différents, parce qu'ils sont solidaires, solidaires parce qu'ils sont sociables, sociables parce qu'ils sont hommes, c'est-à-dire êtres relatifs, membres d'un corps, instruments d'un concert, parties d'un tout ; parce qu'ils ont besoin les uns des autres ; parce qu'au lieu de se limiter, de s'amoindrir et de s'annuller, ils s'engrènent, se complètent et se perfectionnent réciproquement ; parce qu'*il se faut entr'aider*, c'est la loi de nature et d'humanité : ils sont uns, parce qu'ils sont divers.

L'égalité n'est point la parité : on n'a jamais dit, on ne dira jamais une paire d'hommes, comme on dit une paire de bœufs. Les animaux sont pareils, les hommes sont égaux. Les animaux peuvent se passer de leurs pairs ; ils peuvent vivre isolément, insolidairement, indifféremment, parce qu'ils ont les mêmes besoins, les mêmes instincts invariables, imperfectibles. Les plus élevés n'arrivent qu'au troupeau. L'homme seul fait société ; et la société, dit Milton, n'a lieu qu'entre égaux ; et il le dit à propos de l'homme et de la femme, les deux égaux les plus différents. Physiologiquement, les contraires s'unissent et les semblables se repoussent. L'harmonie vient de la différence, l'unité de la variété. Les cinq doigts de la main, quoique différents, concourent également à l'action, et le plus petit n'est pas le moins utile. La basse est aussi nécessaire à l'orchestre que le violon. Si l'architecte est indispensable au maçon pour le plan, le maçon lui est indispensable pour l'exécution. Il y a égalité de compensation parce qu'il y a nécessité de concours. L'harmonie sociale, ou l'unité, ou l'égalité résulte donc de la différence des besoins, des facultés et des œuvres individuelles. Or les besoins, les facultés et les œuvres sont adéquats ; les œuvres sont proportionnelles aux facultés et les facultés aux besoins. Donc, pour qu'il y ait justice distributive, ordre équitable, équilibre vrai, égalité rationnelle, scientifique, parfaite entre les hommes, il faut qu'il y ait égalité et non parité de fonction, égalité et non parité de satisfaction. L'égalité par la diversité.

FRATERNITÉ.

La Fraternité vient la dernière dans la formule, suivant son vrai rang d'ordre dans la réalité. On ne peut être frère, si l'on n'est égal et libre. Soyez donc frère de votre maître ! Notre ennemi c'est notre maître, a dit Lafontaine, en bon français. Le sentiment d'amitié fraternelle ne peut naître dans la contrainte ou l'infériorité. La fraternité est donc le sommet du triangle dont la liberté et l'égalité sont les bases. Elle est la conclusion des deux prémisses ; elle est la clef de voûte du monument, la couronne de l'œuvre ; elle est la flamme du phare ; elle est la fleur, elle est le fruit de l'arbre de vie, de l'arbre immortel dont les racines sont au ciel et les branches sur la terre, de l'arbre de liberté.

Ainsi, Liberté, Égalité, Fraternité, voilà les trois principes suprêmes de la Révolution ! Voilà la formule sublime que le peuple, ce maître faiseur d'abstractions, a exprimée comme la plus pure essence du génie humain ! Cette formule supérieure qui l'a trouvée ? Personne...... Tout le monde. Elle est sortie entière du creuset de 93. Elle est le grand œuvre du grand alchimiste, du peuple, c'est-à-dire de Dieu. Cette formule française, à laquelle chaque peuple a concouru, est la règle universelle, la jauge commune à tous ; c'est le mètre infaillible, immuable, éternel ; c'est la mesure divine de toute loi terrestre. Tout ce qui s'en rapproche est vrai ; tout ce qui s'en écarte est faux. Mesurons donc de notre mieux les conséquences aux principes ; marchons donc au plus droit vers l'étoile fixe qui indique le but de la Révolution.

II.

BUT DE LA RÉVOLUTION.—CONSÉQUENCES DES PRINCIPES.—SOUVERAINETÉ DU PEUPLE.

La Liberté, étant le droit de l'homme, qui dit l'homme, dit peuple ; qui dit liberté, dit Souveraineté ; qui dit Souveraineté du peuple, dit République, République démocratique et sociale, gouvernement du peuple par le peuple. La Souveraineté ne se délègue pas plus qu'elle ne s'abdique. La Souveraineté, la liberté, la volonté ne se représentent pas. Donc plus de gouvernement représentatif, plus de Souveraineté déléguée, plus de volonté à part du peuple, plus d'autorité en dehors du peuple, plus d'état proprement dit séparé du peuple, plus de pouvoir législatif, exécutif et judiciaire confiés à un ou à plusieurs par le peuple ; mais le peuple-état, le gouvernement direct du peuple, le peuple se gouvernant, se représentant lui-même, faisant lui-même sa besogne de souverain, exerçant lui-même son autorité, tous ses pouvoirs, en seul et vrai roi qu'il est, c'est-à-dire votant la loi toujours modifiable, et nommant ses agents toujours révocables, quand et comment il lui plait. Jusqu'à ce qu'il n'y ait plus de gouvernement du tout, jusqu'à ce que la majorité, qui tend à devenir de plus en plus grande, atteigne *l'idéal* et devienne l'unanimité, la loi sera donc faite pour tous, par la volonté du plus grand nombre, et non du plus petit. La loi sera l'expression, non plus de la minorité, comme aujourd'hui, mais de la majorité. La loi sera, comme il convient, l'œuvre du peuple enfin. Et soyez sûrs qu'en fait deloi et de droit, le peuple se trompera moins que les gouvernements. Soyez certains surtout qu'il se trompera moins sur les principes que sur les hommes, toujours moins clairs que les principes. Le peuple aurait-il voté le décret des 45 centimes et le Manifeste du 5 Mars, ces deux fautes capitales du Gouvernement provisoire ? Et pourtant il a choisi M. Garnier-Pagès et M. Lamartine qui les ont commises. D'ailleurs s'il se trompe comme ses gouvernants se sont trompés et l'ont toujours trompé, du moins il ne s'en prendra qu'à lui-même de ses fautes et pourra toujours les réparer. Il faut l'intéresser au gouvernement dont le système représentatif le dégoute et l'éloigne ; il faut tuer l'industrie politique. Enfin, si la souveraineté n'est pas un mot, si le peuple est souverain, il doit l'être de fait comme de nom ; il doit l'être sans cesse et sans bornes, absolument, dans la mesure bien entendu, du droit et de la science. Être souverain c'est être maître ; être maître c'est faire la loi ; faire la loi, c'est constater le droit. Or, le peuple subit toujours la loi, la loi injuste, *la loi faite partiellement*, partialement, faite hors du droit par un ou quelques-uns, par d'autres que par lui. Qu'est ce qu'un souverain qui reçoit la loi au lieu de la donner ? Qu'est-ce qu'un Souverain qui obéit au lieu d'ordonner ? C'est un sujet. Le peuple doit être son propre législateur, ou il n'est pas souverain.

Ainsi, plus de président, plus de représentants. Un conseil national élu par le peuple chaque année et révocable par lui en tout temps, chargé de présenter au peuple les lois et décrets à voter et les fonctionnaires à élire. Le peuple souverain n'a plus ni représentants, ni délégués, ni mandataires d'aucune sorte dans aucun des trois pouvoirs de la souveraineté. Le peuple n'a plus que des conseillers, des ministres, des commis, des serviteurs, spéciaux, temporaires, élus, révocables, responsables, qui préparent, qui soumettent le travail à sa volonté et font exécuter ses décisions. Le conseil propose et le Souverain dispose ; le Conseil conseille et le Souverain décide ; le Conseil projette et la Souverain vote. Législation, impôt, administration, justice, guerre et paix, tout passe sous l'œil du maître. Le peuple fait toutes ses affaires lui-même. Il délibère en assemblées primaires réunies par communes sérieusement constituées. La division départementale n'existe plus. Il n'y a plus que la nation, la commune et le citoyen. Souveraineté individuelle, souveraineté communale, souveraineté nationale. Voilà pour nous la loi et les prophètes ! Tous les rouages intermédiaires supprimés, tout l'attirail administratif réformé, tout le personnel fonctionnaire si nombreux, si couteux, si stérile, si nuisible, manivelle de ruine et de gêne à la fois, tous les agents du pouvoir au nombre de cinq cent mille hommes et du poids et du prix de cinq cents millions, toute cette bureaucratie, barbouillée de noir, hérissée de plumes, toute cette féodalité du grattoir qui enterre la liberté sous les paperasses et fait sortir la tyrannie de la bouteille à l'encre, tous ces sales et rogues seigneurs de l'émargement, simplifiés, congédiés, balayés, nettoyés : économie de ressorts, de temps, de fonctions et d'argent ; diminution du budget, augmentation de liberté.

Le département, un mot là-dessus, n'est plus l'unité politique rationelle. Ce remède révolutionnaire à l'esprit provincial et féodal de la vieille France, cette institution vieillie elle-même, qu'inventa l'abbé Sieyès jadis, qui fut d'abord pour la Révolution le moyen de fusionner, d'unifier la patrie, qui depuis n'a été pour l'Empire qu'un mode de centralisation et d'absorption despotiques, le département aujourd'hui a fait plus que son temps. Dieu merci ! tout homme de France se dit citoyen français à cette heure. Nul ne se dit plus Picard, ni Limousin. Nul n'admet non plus à cette heure le despotisme impérial. L'oncle nous en avait déjà dégoûté sans le neveu.

Robespierre lui-même disait déjà de son temps : " Fuyez la manie ancienne de vouloir trop gouverneur. Laissez aux individus, aux familles, aux communes, le droit de régler leurs affaires ; en un mot, rendez à la liberté individuelle ce qui lui a été illégitimement ôté."

En principe, le chef-lieu ne doit pas plus absorber la commune que la commune ne doit absorber le citoyen. Ce qui est vrai de l'individu, doit l'être de la collectivité, quel que soit le groupe. Le droit du citoyen est le droit de la commune, comme de la nation entière. Or, dans le système départemental, la souveraineté communale n'est pas. Les Communes n'ont ni liberté, ni égalité, ni fraternité. Elles n'existent pas politiquement. Elles n'ont ni âme, ni corps, ni lumière, ni bien-être, ni vouloir, ni pouvoir. Le chef-lieu les domine spirituellement et matériellement. Le chef-lieu seul a tout, administration, tribunaux, banques, hospices, halle, presse; le reste rien. 86 communes en absorbent 37 mille autres pour être absorbées à leur tour par une seule, Paris. Il en résulte ce que nous avons vu en décembre, que toutes les communes de France, quand une seule ne le veut pas, ne peuvent ni conquérir, ni garder le droit, ni défendre, ni maintenir la liberté. 36 mille sur 37 mille n'ont pas 4,000 âmes de population; 16,000 n'ont pas plus de 900 habitants; 11,000 n'ont pas 900 fr. de revenu, point de réverbères, à peine un chemin. — La plupart végètent, languissent, croupissent loin du centre, esclaves du préfet, du grand propriétaire et du curé, dans l'ignorance, la misère et l'isolement, sous le triple joug de l'autorité, de l'usure et de la superstition. Il y a donc atrophie, paralysie, atonie, servitude d'un côté; engorgement, pléthore, excès, tyrannie de l'autre. Il faut donc les refondre, les reconstituer toutes, de façon qu'elles aient chacune leur part, comme elles ont leur droit au mouvement général; de façon qu'elles aient toutes une volonté propre, une autonomie sérieuse, une indépendance réelle, une existence véritable. Il faut donc les recomposer en groupes assez compacts pour être puissants, pour avoir vie et force, pour être capables de pensée et d'action. Il faut les réorganiser enfin d'après un mode conforme au principe d'égalité et pouvant seul leur assurer liberté et souveraineté.

III.

BUT DE LA RÉVOLUTION. — CONSÉQUENCES DES PRINCIPES.—RÉPUBLIQUE UNIVERSELLE.

Partant du principe de liberté ou souveraineté de l'homme, nous sommes arrivés d'abord à la liberté ou souveraineté du peuple, en passant par la liberté ou souveraineté de la commune; nous arrivons donc maintenant à la liberté ou souveraineté de tous les peuples. Le droit de l'individu, de la commune, de la nation, est celui de toutes les nations. Qui dit souveraineté du peuple, dit souveraineté de tous les peuples. Qui dit République, dit République universelle. L'humanité est une comme le droit, comme Dieu même dont elle est la fille et l'image, c'est-à-dire l'incarnation. Unité de Dieu, unité de droit, unité de l'homme. Tous les hommes, tous les peuples ont donc le même droit de souveraineté, c'est-à-dire de liberté, d'égalité et fraternité, c'est-à-dire de République. Les Républiques sont donc des gouvernements de droit, les royautés, des gouvernements de fait ; or, le droit doit dominer le fait et non le fait le droit. Tous les peuples doivent donc être républicains, souverains au même titre, parcequ'ils sont tous, disons-nous, uns et solidaires, parce qu'aucun n'a ni le droit, ni le moyen d'être libre au milieu d'esclaves, heureux au milieu de misérables, parcequ'ils s'aident ou se nuisent tous réciproquement, parce qu'ils sont enfants d'une même famille, compatriotes d'une même patrie, concitoyens d'une même cité, de la même grande République une et indivisible, l'Humanité.

La République universelle est donc le corollaire de la Révolution. C'est la dernière et la plus grande idée qui soit sortie du peuple. C'est la vérité nouvelle qu'il a produite le 15 Mai, qu'il a fallu confesser le 13 Juin, parce qu'elle avait été méconnue le 5 Mars ; c'est le dogme démocratique et social de l'unité humaine. Ce qui a distingué 48 de 93, la jeune République de l'ancienne, c'est qu'elle a nettement posé ce grand dogme, au dedans, par l'association des citoyens, au dehors, par la solidarité des peuples. 93, en brisant la vieille forme catholico-féodale, avait proclamé l'unité de l'homme avec lui-même et avec ses semblables de la patrie ; 48 a fait un pas de plus et ce sera sa gloire : il a proclamé l'unité de l'homme avec toute l'humanité.

IV.

MOYENS DE LA RÉVOLUTION.

Mais il ne suffit pas de proclamer les principes, il faut savoir les réaliser, les appliquer, les pratiquer. Depuis dix-huit cents ans, l'Évangile a dit aux hommes : Aimez-vous les uns les autres, et l'homme combat encore l'homme. Depuis plus de cinquante ans nos pères ont proclamé liberté, égalité, fraternité, et l'homme est encore esclave de l'homme. Depuis plus de cinquante ans, la souveraineté du peuple est promulguée et le peuple est encore sujet d'un homme au nom même de sa propre souveraineté. Les principes seuls sont donc insuffisants, puisqu'on peut les tourner contre eux-mêmes et qu'on les trahit en les invoquant. Il faut donc l'union du principe avec le fait, comme celle de l'âme et du corps. Qu'est-ce que le principe sans le fait, pour l'homme qui n'est pas un pur esprit, qui est à la fois corps et âme ? La logique de la pensée à l'action est le caractère général de l'homme et particulier du peuple français. La tête qui pense et le bras qui agit, c'est la France. A l'œuvre donc et pour nous et pour tous ! Car notre unité politique, fille de notre logique naturelle, notre unité fait notre force, et force oblige. Il faut agir; il faut faire ce qu'il y a de possible à présent. Sans plus nous attarder, sans plus nous perdre dans les profondeurs de l'idéal, à la recherche de l'absolu, du bien *philosophal* que nul ne trouvera, il faut entrer immédiatement, résolument sur le terrain de l'action. Le champ des principes est vaste, immense, incommensurable ; mais il se réduit à notre portée par la pratique qu'aggrandit la science. Or, il y a déjà assez d'idées communes à tous, acquises et acceptées pour les appliquer à l'instant. Ceux qui veulent temporiser, attendre toujours le perfectionnement des systèmes, oublient que l'action perfectionne l'idée, que l'idée ne sera jamais parfaite, que l'idéal n'est pas terrestre, que l'absolu n'est pas humain. Etres finis et contingents, nous ne pouvons qu'approcher de plus en plus du principe sans l'atteindre. Il n'est donné à aucun homme, à aucun peuple, à aucune époque d'avoir la vérité intégrale, infinie, éternelle. La partie ne peut être le tout. L'ensemble seul des générations, des temps et des mondes peut incarner Dieu tout entier. Notre droit, notre devoir est de faire notre part pour notre temps, dans la limite de nos besoins et de nos forces, selon notre pouvoir et notre savoir. D'autres feront le reste.

Voyons donc ce qu'il y a de réalisable, de faisable par nous pour la Révolution. Eh bien, la contre-révolution nous l'enseigne elle-même. Elle se vante d'avoir pour appui l'Armée, le Clergé, la Magistrature, la Banque. Elle nous montre ainsi notre tâche, moyens et but. Avec quatre bons décrets, c'est autant qu'il en faut, le peuple révolutionnaire démolira ces quatre piliers de l'autre, et le monstre restera écrasé sous les débris.

V.

ARMÉE.

Jusqu'à présent la société n'a su organiser sa puissance que pour la destruction. L'homme, destiné à la paix et au travail, a commencé par la guerre et la conquête. Avant d'avoir la science, il s'est servi de la force ; avant de savoir qu'il devait, pour vivre, combattre la nature et conquérir la matière, il s'est mis à combattre et à conquérir ses semblables. Mais le temps des Hercules et des

Césars est passé, quoi qu'on fasse. La civilisation par les armes n'est plus possible. L'aggrégation des peuples par la victoire est finie ; la contrainte doit faire place à la Liberté.

L'armée permanente de France qui a été l'instrument perfectionné de la guerre, qui est donc aujourd'hui le mal par excellence, a porté ses derniers fruits, la servitude et la misère. Elle coûte cinq cents millions par an ; elle empêche le travail de cinq cents mille hommes en pleine force. Elle est composée d'un quart de mercenaires qui ont vendu leur âme comme leur corps ; d'une moitié d'ilotes que l'indigence oblige à payer l'impôt du sang en nature, et que l'ignorance réduit au mécanisme de soldats de plomb. C'est une machine infernale de cinq cents mille fusils pouvant tirer cinq fois à la minute dans la main d'un seul homme. Elle est contraire aux trois principes, Liberté, Egalité, Fraternité. Avec sa vie de caserne, son engoûment des chefs, son obéissance passive, son code barbare et sa discipline inhumaine, elle n'est qu'un engin de tyrannie, fait pour servir et asservir ; elle ruine et opprime, sous prétexte de défendre, corps d'esclaves armés pour contenir des esclaves sans armes.

L'armée permanente de France qui est la meilleure armée de conquête, est et sera toujours la meilleure armée d'oppression ; car la conquête est injuste, anormale, contradictoire avec le principe de la liberté humaine : c'est l'oppression au dehors, sœur de la tyrannie au dedans. Voyez si ces généraux d'Afrique n'ont pas traité les Français comme les Arabes ! Cette armée permanente, instrument suranné de violence intérieure et extérieure ne peut donc plus exister désormais. Elle est irrémissiblement condamnée. Elle n'eût pas dû survivre au 24 Février ; elle s'est tuée le 2 Décembre. Le meurtre qu'elle a commis a été son suicide. Sans le 2 Décembre, on l'eût peut-être conservée encore, comme on l'avait rappelée dans Paris après le 24 Février. On eut reparlé peut-être encore de l'honneur des armes, de la gloire du drapeau, des services rendus, des têtes blanchies sous le harnais, des vieux crachats, des vieux habits, des vieux galons. Tout est dit ; elle s'est noyée à jamais dans le sang de Décembre ; elle doit être dissoute, ses drapeaux doivent être brûlés, ses principaux chefs dégradés ; il faut un exemple. Il faut qu'elle comprenne l'énormité de son crime par la solennité du châtiment. Mais afin que cette grande leçon nationale soit morale et profitable, il faut, à côté de la peine pour les coupables, la récompense pour les méritants ; il faut décerner l'ovation populaire aux soldats républicains d'Afrique, à ces sous-officiers démocrates expatriés, envoyés au désert pour cause de socialisme ; il faut leur rendre les honneurs civiques que la première Révolution rendit aux soldats de Château-Vieux condamnés aux galères du roi ; il faut en refaire cette pépinière de héros patriotes, de généraux invaincus qui s'appelaient Kléber, Hoche et Marceau !

Mais, dira-on, licencier l'armée, c'est désarmer la Révolution en face de la tyrannie. Et la défense de la patrie donc, et la délivrance de l'Europe ? La France doit donner la République universelle ou subir la royauté universelle. Donc, une armée. D'accord, mais une armée républicaine. Donc l'armée actuelle doit être dissoute, retrempée dans la nation entière pour y perdre à jamais cet esprit de corps prétorien, cette ambition soldatesque, ce métier impérial et royal de tueurs d'hommes, impuissant toujours à défendre le pays, et finalement vaincu par deux invasions. La grande armée est tombée à Leipsick ; la vieille garde à Waterloo. L'armée doit se fondre dans une levée en masse pour y reprendre ce sentiment général, généreux, désintéressé, invincible du salut commun, qni au contraire, a chassé par deux fois l'ennemi du sol de la République, avec les volontaires de Fleurus et de Valmy.

Sans doute, en principe, la vie étant divine et la guerre inhumaine, tout régime militaire, quel qu'il soit, est et sera toujours anti-naturel, anti-démocratique. Mais tant que les royautés seront debout et menaçantes pour le droit, tant que la République universelle n'aura pas fait de tous les peuples un seul peuple, il faut que la France qui a la force, la conserve et l'emploie contre l'ennemi commun. C'est un remède au mal ; il faut choisir le moins mauvais ; le meilleur n'existe pas. Il faut réduire l'armée à la défense de la patrie et de la liberté par le moyen même de la liberté et de l'égalité.

Ainsi l'élection rétablie ; la conscription et le remplacement abolis ; l'impôt du sang, payé aujourd'hui comme les autres impôts par les pauvres seuls, dû par tous, payé par tous ; l'armée permanente transformée en milice nationale ; tout soldat refait citoyen, tout citoyen fait soldat. Comme le quirite romain mesurait et défendait son champ avec sa lance, chaque citoyen français défend avec son fusil, sa patrie et sa liberté. Il a le droit et la force, le vote et l'arme ; il ne peut pas plus déléguer son arme que son vote, sa force que son droit. Il est son propre soldat, comme il est son propre législateur. Il se compromet autant en confiant sa défense qu'en confiant sa souveraineté. Il ne peut pas remettre à d'autres le soin de le protéger qui devient toujours celui de l'opprimer. La fonction militaire est un droit qui n'admet pas de représentans, comme c'est un devoir qui n'admet pas de remplaçans. Donc, plus d'armée permanente sortie et séparée de la nation, mais la nation entière en armes, nommant ses chefs, classée par bans suivant l'âge, exercée militairement en temps de paix, dans ses propres communes, par ses officiers instructeurs, ne quittant le foyer qu'en temps de guerre, et ne faisant plus qu'une guerre possible, la dernière, la guerre du principe contre le fait, du droit contre la force, de la liberté contre la tyrannie, des peuples contre les rois.

VI.

RELIGION.

Religion veut dire lien. L'homme est un être à la fois spirituel et matériel, individuel et social. Il est un avec lui-même, avec ses semblables, avec Dieu. La conscience de cette unité indivisible est religion. Ces vérités sont déjà banales. Toute religion qui ne comprend pas tout l'homme et tous les hommes, l'humanité entière, matérielle et spirituelle, individuelle et sociale, est fausse et incomplète ; en un mot, elle n'est pas religion. Le paganisme qui ne comprenait que le corps ; le christianisme qui ne représentait que l'âme, sont des religions défectueuses ; l'une ou l'autre n'ont pas compris l'homme tout entier esprit et matière, individu et société. Toutes deux ont méconnu l'intégralité du droit, l'unité de la nature humaine, le principe saint et sacré de solidarité et de vie universelle ; toutes deux ont tenu en dehors de leur dogme un des éléments de l'homme ; toutes deux ont établi la division, le duel, la guerre, l'oppression d'une partie de l'homme par l'autre, par conséquent des hommes par les hommes. Comment l'individu qui n'était pas d'accord avec lui-même, pouvait-il l'être avec ses semblables ? Toutes deux ont laissé imparfaits l'esprit ou le corps, l'individu et la société. L'humanité constituée matériellement d'abord, spirituellement ensuite, doit enfin se constituer unitairement.

Le christianisme, protestation simpliste de l'esprit contre le joug du matérialisme payen, fut bientôt, sous le nom de catholicisme, le complice du tyran. La nature qu'il avait niée l'emporta. N'ayant pas encore le principe régulateur de l'unité, il se fit terrestre, matériel et payen à son tour. Ce qui était protestation devint donc oppression ; ce qui était croyance devint puissance, tantôt complice, tantôt rivale des autres pouvoirs temporels, traître à son origine, infidèle à sa mission, quittant la crèche pour le dôme, l'esprit pour le corps, le ciel pour la terre, Dieu pour le diable, Jésus pour César ; maudissant l'infortune, réprouvant la vertu, bénissant le crime, huilant le parjure, sacrant et consacrant le vol et le meurtre, toute violence et toute fraude ; abusant, dépravant la conscience, éteignant la raison, entretenant la crédulité, exploitant la faiblesse, alliant enfin avec un art infernal la ruse à la force, la croix à l'épée, le goupillon à la torche, et le tout à juste prix ; plus avare cent fois que les marchands du temple, plus hypocrite que les pharisiens, plus cruelle qu'Hérode, plus déloyale que Judas ; bref, vendant, livrant, crucifiant et mangeant le Christ tous les jours : voilà l'Église catholique depuis les anciens empereurs jusqu'aux nouveaux, depuis Constantin jusqu'à Bonaparte !

Dieu soit loué ! elle est morte ! elle s'est enterrée au 2 décembre. Ce n'est pas un *Te Deum* qu'elle a chanté pour le vainqueur ; c'est un *De profundis* qu'elle a chanté sur elle et un *Libera* pour nous ! Elle s'est tuée avec l'armée. Le prêtre séparé de la cité comme les soldats ; ayant comme eux, plus qu'eux, des mœurs, des règles, des chefs, une patrie à part ; ayant comme eux l'esprit de corps et moins qu'eux la famille, comme eux le métier, le mot d'ordre et la discipline ; improductif, onéreux, oppressif comme eux, comprimant l'âme, comme les soldats compriment le corps, le prêtre a commis le même parricide sur la mère commune, il mérite la même peine.

C'en est donc fait du prêtre comme du soldat, du clergé comme de l'armée, de l'église comme de la guerre. Le peuple doit être son propre prêtre, comme il est son propre soldat et son propre législateur. La conscience ne se délègue pas plus que la souveraineté et la force. Plus d'intermédiaire obligé entre l'homme et Dieu ! libre examen en tout et pour tous. La science a remplacé la foi. On ne croit plus, on sait. Et jusqu'à ce que la science ait prouvé à tous la vérité du lien qui unit l'homme à lui-même, à ses semblables et à Dieu, la vérité de la vraie religion qui comprend le corps et l'âme, l'individu et la société, tout l'homme, toute l'humanité et tout Dieu, la vérité, en un mot, du principe de solidarité et d'unité, de vie universelle, il ne peut plus y avoir de religion commune, publique, officielle. L'Église catholique ou autre est complètement séparée de l'Etat. Le budget direct et indirect des cultes est supprimé. 813 millions d'économie. Liberté de conscience, égalité de foi, fraternité de dogmes. Chacun pratique comme il veut. Qui veut un prêtre le paye ; qui use l'autel l'entretient. Le temple n'est plus à tel ou tel culte dominant, mais à ceux qui le louent à la commune. Le prêtre, le ministre, le rabbin sont des citoyens ordinaires, n'ayant ni monopole, ni privilèges, ni exemptions d'aucune sorte vis-à-vis de l'Etat ; n'ayant ni plus, ni moins de droits et de devoirs que les autres citoyens ; jouissant des mêmes avantages, mais soumis aux mêmes charges que tout le monde. Pas plus de clergé constitué que d'armée permanente. Ni autel, ni trône, ni sacristie, ni caserne, ni pape, ni empereur, ni jésuite, ni gendarme, ni croix, ni sabre, ni casque, ni calotte, liberté entière de l'âme comme du corps, ainsi soit-il !

VII.

MAGISTRATURE.

Même lessive ! La robe est aussi sale que la soutane et l'uniforme. La magistrature a forfait comme l'armée et le clergé. Elle appartient à la mort comme ces institutions caduques. Elle s'en ira bras dessus bras dessous avec elles dans le même tombeau. Elle a frappé avec la même haine ; elle a servi avec la même honte ; elle a prévariqué sous tous les régimes, au nom du peuple comme au nom du roi, écrasant le droit sous le poids des amendes et des chaînes, jugeant sans foi ni loi, condamnant quand même à la confiscation, à la prison, à l'exil, à la mort ; elle s'est jugée et condamnée sans appel ; elle doit être exécutée. Comme le juge pervers de Cambyse, elle doit laisser sa peau sur son siège, sa vie avec son honneur.

Le pouvoir judiciaire est un des attributs de la souveraineté. C'est l'exercice de la raison publique, de la conscience générale, constatant le bien et réprimant le mal. Le pouvoir judiciaire ne peut pas plus se déléguer que le pouvoir législatif ou exécutif. Le peuple doit être son propre juge, comme il est son propre législateur, son propre soldat et son propre prêtre. Le peuple doit exercer lui-même le pouvoir judiciaire comme les autres. Où le pouvoir de faire la loi réside, là seulement réside celui de l'appliquer, dit le légiste. Mais la loi étant un acte général exige le concours du peuple entier, tandis que le jugement étant un cas particulier, n'a besoin que du peuple partiel, du peuple juré. Ce principe du jugement par le peuple et par le peuple partiel, est déjà reconnu et pratiqué dans l'institution du jury criminel. Le jury doit s'étendre à toute justice. Tout citoyen doit être juré. Le jury, c'est-à-dire le peuple souverain, décide de toutes les causes criminelles et civiles. Le jury décide en dernier ressort. Les juges chargés seulement d'instruire la cause et de prononcer l'arrêt sur la décision du jury, sont nommés, comme le sont déjà les juges de commerce et les prud'hommes, par des élections spéciales.

Donc, plus de magistrature assise sur son gros tas de codes, inamovible, corporative, disciplinée, hiérarchisée ne relevant que d'elle-même, disposant de la fortune, de l'honneur, de la liberté, de la vie des citoyens ; abrogation des vieilles formes comme des vieilles lois ; plus de juridictions à divers degrés, restes de l'âge féodal, avec toutes leurs conséquences de procédure, de chicane, de grimoire et de frais, qui dévorent toujours l'huître, comme au temps d'Esope. Si le premier tribunal est bon, pourquoi un second ? S'il est mauvais, pourquoi est-il ? Un jury de cassation seulement pour régulariser les arrêts. Economie d'avocats, d'avoués d'huissiers, de toute la séquelle judiciaire, c'est-à-dire d'environ 300 millions. Justice prompte, justice équitable, justice gratuite et surtout plus de justice d'exception, état de siége, haute cour, conseil de guerre ; plus de justice politique, plus d'inquisition, d'espionnage, de surveillance occulte, arbitraire, discrétionnaire, plus d'œil invisible ouvert sur toutes les consciences, jetant le soupçon, la défiance, la terreur dans toutes les âmes ! Plus rien de ces institutions monarchiques qui supposent toujours le mal, le provoquent souvent et ne le préviennent jamais, véritables virus de la moralité publique, qui empoisonnent la société au lieu de la guérir ; mais une police communale, spéciale, populaire comme la justice, et dont chaque citoyen, au besoin, sera le sergent pour empêcher le mal, comme il sera juge pour le réprimer.

VIII.

CAPITAL.

C'est la grosse question, la question qui brûle, irrite et passionne, comme la question de noblesse en 93. C'est la question difficile que nous aborderons avec notre franchise ordinaire, disant tout ce que nous pensons, ni plus, ni moins ; c'est la question essentielle pour la solution de laquelle, il n'y a pas trop du savoir et de l'attention de tous, qui demande plus qu'aucune autre le concours de toutes les intelligences, qui prouve plus que jamais la nécessité du gouvernement direct, et que le peuple entier peut seul délier ou trancher. C'est le nœud même de la révolution.

Si, comme nous l'avons dit, l'homme est à la fois esprit et matière, individu et société; ses besoins, ses droits, ses facultés, sa vie sont doubles comme sa nature. Ils sont à la fois matériels et spirituels, individuels et collectifs. L'homme donc a droit, a besoin de vivre matériellement et spirituellement, individuellement et collectivement. Toute société doit satisfaire ce double besoin, ce double droit pour être bien faite, pour être conforme à la nature de l'homme. Or le droit implique le moyen. Le moyen de vivre matériellement d'abord, c'est de produire, c'est de travailler. Le droit de vivre emporte donc le droit de travailler. Le peuple qui a l'instinct de toute grande vérité l'a bien compris. De là cette simple formule des ouvriers de Lyon : Vivre en travaillant ou mourir en combattant! et cette autre formule plus simple encore du peuple de Paris, au 24 Juin : Du pain ou du plomb! De là enfin cette formule scientifique de la Révolution de Février : Droit au travail! Car si la vie est un droit, et nul ne le conteste en principe, excepté Malthus, le travail qui est le moyen légitime de vivre, ne saurait être ni une peine, comme disent les catholiques, ni un frein, comme disent les protestants ; mais comme nous le disons, nous républicains-démocrates-socialistes, le travail est un droit.

· Droit au travail, c'est-à-dire droit à l'instrument de travail, droit au capital qui, en principe, est, comme la vie même, à tous. Le peuple doit être capitaliste sous peine de n'être pas souverain. Louis XIV était roi de France. Qui dit souveraineté dit propriété. Le peuple ne doit pas plus déléguer sa propriété que sa souveraineté. Le peuple enfin doit être son propre capitaliste, comme il est son juge, son soldat, son prêtre et son législateur.

Comment pourra-t-il rentrer en possession de son capital?

Il y a en France 11 millions de propriétaires sur 36 millions d'âmes, par conséquent 25 millions de prolétaires. Sur les 11 millions de propriétaires, il y en a plus de 10 millions qui sont voisins du prolétariat. Il y a donc quelques mille souverains gouvernant, exploitant et possédant 35 millions de sujets. Voilà le peuple souverain. Pauvre sire ! souverain de sa besace et sujet de son pain ! majesté de meurt de faim ! Il faut affranchir cette masse énorme d'esclaves ; il faut l'émanciper de la misère ; il faut lui

rendre son bien, le droit au travail, le droit à la vie, le capital.
Comment donc ? Le capital est presque tout entier aux mains de
l'ennemi, de la contre-révolution, de la réaction, des amis de la
propriété comme ils s'appellent. Il faut donc d'abord au nom de
la justice, à titre de dommages-intérêts, de par le droit de réparation
et de restitution, que la réaction rende au peuple ce qui lui appartient, ce qu'elle lui doit, ce qu'elle lui a pris. Qui casse les verres
les paie, dit le proverbe. Or, la réaction a violé, brisé la Consti-
tution au 13 Juin par la guerre de Rome, au 31 Mai par la mutila-
tion du suffrage universel, au 2 Décembre par l'usurpation du
pouvoir. La réaction a voté ainsi malgré la loi et le droit, quatre
budgets de 1,500 millions ; la réaction a versé l'argent et le sang
de la France sous les murs de Rome et dans les rues de Paris ;
la réaction a tué, volé à main armée, confisqué, séquestré, em-
prisonné, déporté ; la réaction doit payer ; la réaction doit resti-
tuer ; la réaction doit réparer. Elle n'aura pas trop de tout son
butin pour cela. Qui pourra évaluer jamais le dommage qu'elle
a fait, le tort qu'elle a causé, le mal qu'elle a commis ? Qui
pourra évaluer l'indemnité qu'elle doit pour tous ses crimes, pour
l'Europe asservie, la France déshonorée, pour la fortune, la liberté, la vie de nos concitoyens arrêtés, dépouillés, exilés, fusil-
lés, guillotinés ? Qui pourra évaluer le sang et les larmes des
victimes en France, en Italie, en Hongrie, en Allemagne, dans
le monde entier ?

Ce n'est donc pas révolutionnairement, arbitrairement, c'est au
nom de la loi ordinaire, au nom de ce principe de droit vulgaire
et de bon sens naturel, le droit et le sens commun, qui veulent que
l'auteur du mal le répare, c'est au nom de la simple justice, de
l'équité et de la morale éternelle que le peuple doit enfin faire le
compte de la réaction. La révolution ne sera qu'une revendica-
tion. Donc tous ceux qui ont mené et exploité la contre-révolution, président, représentants, fonctionnaires de tout grade et de
tout genre, ministres et bourreaux, tout complice civil, militaire
et religieux, tout ce qui a ordonné, signé, jugé, exécuté, imposé,
touché, émargé, tout ce qui a eu part doit rendre. Assez de révo-
lutions platoniques ? Il faut en finir une bonne fois avec la réaction. Il faut la punir par où elle a péché, et comme elle a péché,
solidairement ; il faut la frapper à la place du cœur, à la poche,
comme 93 l'a frappée à la tête. C'est l'argent qu'il faut exécuter.
Si la vie est inviolable, si la vie est sacrée pour nous qui avons

aboli la peine de mort, si la vie est à l'individu et à Dieu qui la donne, la fortune est à la société. On ne tue qu'à son corps défendant; on épargne l'ennemi qu'on désarme : or la société a un moyen de défense plus sûr que la mort. L'argent est le nerf de la guerre ; l'ennemi sera désarmé. 93 a créé les biens nationaux. C'est ainsi que la première révolution s'est consolidée, en saisissant les deux tiers du sol, en faisant des droits nouveaux, des intérêts nouveaux avec les vieux monopoles, les vieux priviléges, en faisant menue monnaie des grosses pièces, en multipliant les intéressés, les ayant-droit, les possesseurs et les défenseurs de la terre, en transformant les prolétaires en propriétaires, prêts à défendre une patrie où ils avaient part. Ferons-nous de même ?

Ici nous sommes en présence de deux écoles ou systèmes dans le parti, toutes deux exclusives. L'une dit : tout par l'individu ; l'autre dit : tout par la société ; l'une nie la collectivité, l'autre la personnalité. Ni l'une ni l'autre ne sont dans la vérité. La vérité est quelque chose par l'individu et quelque chose par la société. Ce n'est pas là du juste-milieu, de l'éclectisme ; ou, si nous sommes éclectiques, nous le sommes comme la nature. C'est suivre les conséquences des deux principes qui constituent l'homme, des deux éléments essentiels de sa nature qui est, répétons-le encore une fois, personnelle et sociale, individuelle et collective, particulière et générale. Cela est si vrai que l'individualiste pur est forcé d'admettre les compagnies, les associations pour les grands travaux d'utilité publique, et que le communiste pur reconnaît le libre arbitre individuel, quand la logique de leurs systèmes voudrait que l'un remplaçât, par exemple, jusqu'à l'éclairage public par les lanternes privées et que l'autre ordonnât jusqu'à la pensée privée par un réglement public. Ainsi, de l'aveu de tous, les grands établissements d'intérêt général, les travaux d'utilité commune, les voies et moyens de communication et de transport, les routes, canaux, chemins de fer, postes, roulage ; les assurances, les banques, les monnaies, les mines ; les entreprises d'endiguement, de dessèchement, d'irrigation, de défrichement, de reboisement ; les bibliothèques, les musées, les arsenaux, les hôpitaux, etc ; demandent la force collective et sont du domaine public. L'industrie, l'art, la science sont et seront encore longtemps du ressort individuel.

Nous prenons l'homme tel qu'il est, et non tel qu'il sera. L'expérience, l'observation, le fait nous prouvent que le peuple, à cette heure, tient trop à son élément individuel pour ne pas vouloir la propriété personnelle. L'ouvrier des villes et des champs n'est guère révolutionnaire que pour être propriétaire. Dans le sentiment de justice étroit, si l'on veut, mais profond, mais intense, que l'homme doit jouir du fruit de son travail, et qu'il n'en peut jouir s'il n'est propriétaire ou maître, le peuple n'a pas encore conclu qu'il pouvait être associé; il a conclu seulement qu'il ne devait pas être salarié. Il a vu jusqu'ici que le propriétaire était libre et souverain, qu'il avait bien-être et lumière, qu'il était quitte de la misère et de l'ignorance et il veut être propriétaire. Celui qui a la propriété veut l'augmenter; celui qui ne l'a pas veut l'acquérir. Certes, l'association serait préférable; c'est l'idéal, le dernier *donc* de la société, c'est le seul et vrai moyen, combiné avec l'attraction, d'augmenter le produit, par conséquent d'établir l'harmonie, fille de l'abondance et de la justice. Certes, l'individu tend de plus en plus vers le système salutaire et suprême de l'association, mais il y tend graduellement. Il faut l'y conduire et non l'y pousser. La masse n'y est pas encore. Si on décrétait l'association forcée, si on ordonnait la propriété collective, on rendrait immédiatement la masse contre-révolutionnaire. Il faut passer par la propriété personnelle avant d'arriver à la propriété collective. Il faut approprier l'individu avant d'approprier la commune. Il faut laisser l'individu libre de s'associer ou non. Il faut avoir pleine confiance dans la vertu du principe qui prévaudra, s'il est bon, dès qu'il sera pratiqué.

Donc tous les biens appartenant aux complices de Louis-Napoléon Bonaparte, aux agents de son gouvernement de vol et de meurtre, doivent-être hypothéqués par la Révolution à partir du 2 Décembre, déclarés nationaux et saisis entre les mains des détenteurs ou de leurs prête-noms. Ils seront divisés, suivant les besoins, par lots communaux et distribués d'après le vote du peuple souverain aux citoyens prolétaires; la terre aux travailleurs des champs, les valeurs industrielles aux ouvriers des villes. Chacun sera libre d'exploiter isolément ou en commun. Les systèmes, les écoles opéreront comme ils l'entendront. Les fouriéristes feront la phalange, les communistes la communauté, les mutuellistes la banque d'échange, librement, volontairement, sans contrainte et sans entraves, sans violence et sans obstacle. Le peuple les verra tous à l'œuvre, fonctionner, expérimenter et se décidera au moins en connaissance de cause. Il pourra prendre le bon et rejeter le mauvais. La théorie s'enseignera par la meilleure méthode, la pratique, et se prouvera par la meilleure raison, le succès. Elle gagnera ainsi les plus incrédules les premiers. Oui, les plus sceptiques, les plus individuels, les plus égoïstes, seront les premiers pris à l'association par l'éloquence du fait. Quand ils verront produire plus et dépenser moins, ils seront les premiers à vouloir profiter du bénéfice. Autant donc l'association par force serait tyrannie, autant l'association sans l'attraction serait duperie, autant elle serait stérile, autant elle provoquerait une répulsion, une réaction immense, composée de tout ce qui possède ou veut posséder individuellement; autant l'association libre, volontaire, spontanée et consentie, mode infaillible de richesse, de bonheur, de paix et d'unité, mode harmonieux de faire vivre chacun pour tous et tous pour chacun, assurerait à jamais le triomphe de la Révolution.

Les biens nationaux seraient accordés emphytéotiquement, c'est-à-dire possédés aux conditions ordinaires, mais pour un temps déterminé. A la mort du propriétaire, la plus-value restant à l'héritier direct, ils feraient retour à l'Etat, comme en Angleterre les biens de cette nature font retour, après un certain temps, au lord ou seigneur. Notre seul lord ou seigneur c'est le peuple qui les répartirait de nouveau à d'autres ayant-droit aux mêmes conditions, qui par une sorte de roulement perpétuel compenserait sans cesse le malheur et détruirait ainsi le prolétariat. Dès lors plus de salaire, plus de fermage! Chaque citoyen aurait son capital, son instrument de travail. Chaque citoyen serait propriétaire comme il est souverain et soldat. Chacun aurait son champ, son vote et son fusil, patrie et patrimoine. Et qu'on vienne toucher à la Révolution! Chacun enfin jouirait sans trouble du fruit de son travail, aux seules conditions de l'impôt.

IX.

IMPOT.

L'impôt perdrait son caractère monarchique d'exaction et de tribut pour prendre son vrai caractère démocratique et social, qui est celui de l'assurance et de la pondération. L'impôt deviendrait par conséquent de moins en moins lourd, car le contrepoids diminue avec l'égalité, et l'assurance diminue avec les risques. Aujourd'hui, l'impôt n'assure, ni ne pondère. Il aggrave la misère au lieu de la soulager; il est censé garantir contre les ennemis du dehors et du dedans, contre la conquête et le vol. Du moment qu'il n'y aurait plus de rois, il n'y aurait plus de conquêtes; du moment qu'il n'y aurait plus de pauvreté, il n'y aurait plus de vol. Resteraient les autres fléaux, les autres sinistres, inondation, incendie, naufrage, grêle, maladie, chômage, faillite, etc., et les frais généraux que l'impôt couvrirait à un prix aussi faible et aussi juste que possible. Donc, plus de budget de 1,500 millions, plus d'impôt multiple et indirect sur les objets de consommation les plus nécessaires à la vie ; plus d'octrois, de douanes, de droits de toutes sortes sur le vin, la viande, l'air, le jour ; aucune de ces taxes injustes qui frappent la lucarne du pauvre plus que la fenêtre du riche, la piquette du pauvre plus que la liqueur du riche, le bouilli du pauvre plus que le rôti du riche ; bref, qui font payer le pauvre quatorze ou quinze fois plus que le riche ; mais l'impôt unique établi sur le capital, l'impôt rationel, équitable, progressif, non plus en sens de la misère, mais en sens de la richesse, l'impôt, régulateur, modérateur, pondérateur, températeur, fait pour équilibrer les fortunes et niveler les conditions.

X.

CRÉDIT.

L'impôt qui coûte aujourd'hui 170 millions pour sa seule perception, serait recueilli presque sans frais par les banques communales.

Ces banques instituées dans chaque commune, garanties par la masse des biens emphytéotiques et par les autres domaines de l'État, par l'impôt voté qu'elles seraient chargées de percevoir, gérées par le conseil communal, distribuant le crédit à ceux qui en manquent, remplissant dans la commune la fonction du cœur dans l'homme, faisant circuler la richesse comme il fait circuler le sang, du centre aux extrémités et des extrémités au centre, commanditant, escomptant à bas prix, celui des frais et sans monopole, bien entendu, laissant, en vertu du principe de liberté, à tous citoyens le droit d'être banquiers, mais les forçant par la concurrence à baisser de plus en plus l'intérêt, à ne plus arrêter l'argent comme les varices retiennent le sang, à ne plus s'engorger comme des artères infidèles au moindre péril ou au moindre frisson, à répandre au contraire l'argent partout et au meilleur marché possible, sous peine de stérilité et de diminution, à ne bénéficier enfin qu'à force de service, voilà quelles seraient les banques communales dans toute l'étendue de la République !

Le crédit est l'œuvre du peuple, il doit être son bien. Il émane du peuple, il doit lui revenir. Le travail fait le produit, le capital et le crédit. Les travailleurs, les producteurs sont donc les véritables capitalistes, les véritables créditeurs. Les banques de privilége et de monopole, comme la Banque de France sont donc des établissements d'exaction et d'accaparement, d'usure brévetée à 16 0[0. Elles doivent être remplacées par les banques communales à intérêt gratuit.

Avec la banque communale, un bazar-entrepôt où chaque citoyen, chaque association, ayant exercé son droit au travail, pourrait déposer ou consigner son produit à sa marque, recevoir avant la vente partie du prix qui lui serait complété après. Ce qui lui permettrait de recommencer, de reproduire sans cesse en attendant. La banque et le bazar seraient ainsi des institutions de crédit réel et personnel, assurant à tout homme le droit démocratique et social de vivre en travaillant. Et quand nous disons l'homme, nous disons l'être humain, par conséquent la femme comme l'homme. Sans doute, tant que la force et la guerre auront à faire en ce monde, le droit politique de la femme sera nécessairement restreint. Mais il doit aller au moins jusqu'au droit de la vie, jusqu'au droit du travail, jusqu'au droit de la pudeur. La pauvreté fait la prostitution ; les mariages d'argent font les monstres. Si vous voulez avoir des enfants libres, n'ayez pas de mères esclaves. La vraie famille ne peut être constituée que par la liberté, la volonté. Or, pour que la femme ait liberté, il faut qu'elle puisse avoir aussi propriété. Le mariage actuel, ce régime absolu tempéré par l'adultère et l'arsenic, le mariage qui admet comme soupape de sûreté la séparation de corps ici, le divorce là-bas, le mariage sera beaucoup plus indissoluble quand il sera passionné et non intéressé, quand il sera volontaire et non forcé ; et alors la famille ne sera plus un privilége, ni un mensonge, mais un droit et une vérité.

La garantie contre l'abus du droit de crédit reconnu à tout citoyen, sera sanctionnée ainsi : celui qui malversera par sa faute duement constatée, sera condamné à la perte de ce droit, et deviendra, à défaut d'autres ressources, salarié de la commune, employé aux travaux d'utilité publique, s'il est valide, admis à l'assistance, s'il est infirme : car la société doit secours à ceux qui ne peuvent travailler, comme elle doit de l'ouvrage et un minimum de salaire à ceux qui le peuvent gagner. Voilà pour le droit au travail et le droit au repos ! voilà pour la vie matérielle de l'homme en société !

XI.

INSTRUCTION.

Mais l'homme a droit à la vie spirituelle comme à la vie matérielle, par conséquent à l'enseignement comme au travail, à l'instruction comme au crédit, à la nourriture de l'esprit comme à celle du corps, à la lumière comme au bien-être. Il doit être affranchi de l'ignorance comme de la misère, de l'erreur comme du besoin. Il doit être libre et souverain spirituellement et matériellement. Qu'est ce qu'un souverain qui ne sait pas lire? La science et l'art doivent être mis à la portée de tous, comme la propriété et la souveraineté. Savoir, avoir et pouvoir, ces trois mots sont frères dans la logique de la langue française. Celui qui a la richesse et la science, a la puissance.

L'enseignement doit être gratuit comme le crédit. Il doit être général et spécial, professionnel et militaire. Il faut que chacun apprenne en même temps son métier de citoyen et de soldat. L'instruction est un devoir autant qu'un droit ; car si l'ignorant se fait à tort à lui-même comme individu, il fait tort aux autres comme membre de la société.

L'enseignement doit donc aussi être obligatoire, mais obligatoire par le meilleur moyen, par la force de l'intérêt. La royauté vend l'instruction ; la République, qui est le contraire de la royauté, la donne. La royauté fait payer les riches pour apprendre, la République paie les pauvres. A cette heure, l'enfant du pauvre est le domestique de la famille, il est utile à ses parents. Condamnerez-vous le père à la prison parce qu'il envoie l'enfant aux champs et non à l'école? Que la République rachète, indemnise l'enfant du pauvre. Cette mesure ne sera que temporaire, car la pauvreté, fille de la royauté, disparaîtra avec elle. Que la République ait aussi pour un temps des instituteurs d'hommes, enseignant les pères comme les enfants, car la royauté nous a laissé l'ignorance avec la pauvreté. Le lendemain de la révolution, donnons des primes de toute sorte aux maîtres et aux élèves, faisons tous les sacrifices possibles pour la lumière ; et ce sera de l'argent bien placé ! Le mal vient à l'ombre comme les orties. Répandons l'instruction, sauvons la révolution. Lakanal disait : Tant qu'on n'aura pas organisé l'instruction publique, la Révolution ne sera pas sauvée, et il avait raison. La Convention, cette assemblée de barbares, sur un budget de 600 millions, votait 59 millions pour l'instruction publique ; et nos honnêtes modérés, sur un budget de 1500 millions, en votent 17, tout au plus ! Nous sommes les fils de la Convention, imitons-la ! grossissons le budget de l'instruction de tout le budget de la destruction ! Moins d'argent pour tuer les hommes, plus d'argent pour former des citoyens ! Elever des hommes, la majesté du mot dit assez l'importance du fait. Que chaque commune ait donc son académie, comme elle a sa banque, son tribunal, sa milice et son assemblée primaire ; et que tout citoyen ait la science, comme il a le droit et le pouvoir !

Dans la question de l'enseignement, il y a trois intérêts à concilier, celui de l'enfant, celui de la famille, celui de la société.

L'enfant, appartient au père, sous la surveillance du peuple, jusqu'à ce qu'il ait âge de raison, jusqu'à ce qu'il puisse s'appartenir. De même que l'enfant vit du sang de sa mère, tant qu'il n'a pas d'existence propre, de même il vit de la conscience de son père, tant qu'il n'a pas de volonté. Il y a une sorte d'allaitement moral, comme un allaitement physique. La nature qui sait bien ce qu'elle fait, a fait de l'amour paternel, le meilleur gardien de l'enfant. La loi doit suivre la nature. Donc plus d'internat, plus d'éloignement, de la famille ; plus de ces claustrations qui démoralisent et flétrissent l'élève, nuisibles et pénibles pour les enfants et les parens, d'autant plus pénibles qu'elles sont plus prématurées. Les fruits mûrs quittent aisément la branche qu'ils soulagent ; les fruits verts ne la quittent qu'en cassant. Ainsi la vie de collége le jour, la vie de famille le soir, l'éducation au foyer, l'enseignement à l'école. L'enseignement général ou primaire à tous, l'enseignement secondaire ou spécial, suivant les vocations étudiées, consultées, examinées, vérifiées, constatées jour par jour, par les maîtres, sur note et au concours, de sorte que nulle intelligence ne soit égarée ou perdue, que chaque esprit puisse atteindre son summum de perfection et grossir un jour de sa quote-part le trésor commun des connaissances humaines.

Auprès de l'enseignement public et gratuit de la commune, il y a l'enseignement libre. Toujours en vertu du principe de liberté, chaque citoyen a le droit d'enseigner aux seules conditions de publicité et de responsabilité. Concurrence utile d'ailleurs, qui stimulera l'enseignement communal, et le forcera aux meilleures méthodes et aux meilleurs maîtres. D'après ce principe, le père qui représente la volonté ou le droit de l'enfant, aura de même la liberté de choisir, mais il aura aussi la responsabilité. Certes, il aimera toujours mieux avoir pour son fils la bonne instruction gratis que d'acheter la mauvaise. Mais enfin, si, par exception, il se trompait, s'il laissait son fils dans l'ignorance, alors il perdra le droit dont il aura abusé. L'instruction de l'enfant lui sera retirée, comme la personne même de l'enfant est retirée au père dénaturé qui le maltraite physiquement. Règle générale, le père a la tutelle du corps de l'enfant ; il doit avoir la tutelle de l'esprit, sous la surveillance du peuple. Son amour fait son droit, mais sa faute ferait sa peine. De même, le citoyen libre d'enseigner serait responsable et perdrait le droit dont il abuserait. En tout et toujours, liberté et responsabilité.

CONCLUSION.

En résumé, droit à l'instruction et droit au travail, la vie complète, matérielle et spirituelle, individuelle et collective pour tous les citoyens ; la vie entière à bon marché, le pain quotidien de l'âme et du corps, bref, le règne du peuple : le peuple, au lieu d'être gouverné, possédé, hébété, affamé, le peuple s'enrichissant, s'instruisant, s'appartenant, s'administrant lui-même, le peuple régnant et gouvernant. Pour que ce règne arrive, il faut que le peuple reprenne et garde sa souveraineté ; pour qu'il reprenne sa souveraineté, il faut qu'il fasse la Révolution !

Donc à tous ceux qui veulent la Révolution et ses principes : Liberté, Égalité, Fraternité ; et toutes les conséquences : Association des citoyens, Solidarité des peuples, République démocratique et sociale, universelle ; à ceux qui sans esprit de système, d'orgueil, d'ambition et d'égoïsme, ne reconnaissent qu'un souverain, le Peuple ; à ceux qui regardent comme usurpation et vol tout autre pouvoir pris ou gardé ; à ceux mêmes qui n'ont souci que de l'honneur du nom français et de l'intérêt strict de la patrie, à tous ceux qui haïssent l'Empire, c'est-à-dire la servitude et l'invasion, nous crions de l'exil : assez de principes, assez d'idées, assez de paroles ! de l'action, de l'action de l'action ! Au fait ! à l'œuvre ! en avant ! insurrection et révolution ! Nous en savons assez, dès que nous ne voulons plus de tyran. L'insurrection est le plus saint des devoirs. L'insurrection est de droit depuis le 13 Juin ; elle est de devoir depuis le 31 Mai ; elle est de droit et de devoir depuis le 2 Décembre ! Aide-toi, le ciel t'aidera ; l'union fait la force ; ni résignation, ni désespoir ; l'initiative à chacun et l'exemple pour tous ! Bourgeois, ouvriers, paysans, rallions-nous tous contre l'ennemi ! Vous, bourgeois, dont les lumières le troublent ; vous, ouvriers, dont le dévouement l'effraie ; vous, paysans, que vos votes n'ont pas sauvés, nous tous confondus par la même persécution qui a mêlé notre sang et uni notre cause, associons nos forces contre le même ennemi ! Que le peuple entier de France se lève comme un seul homme ! Que chaque citoyen n'ait pas d'autre ennemi que l'ennemi commun, l'ennemi public, le parjure parricide, le traître assassin de ses frères, l'escroc insolvable qui a volé la République dans l'ombre, le vil rebut des prostituées de Londres devenu le souteneur de la famille, de la religion et de la propriété, l'insurgé, l'échappé de Ham défenseur de l'ordre, l'ami des forçats, le restaurateur de la guillotine et de la loterie ; sphynx immonde sorti d'une urne fausse, du fond des lupanars, des tripots et des charniers, véritable harpie qui salit en frappant comme le venin souille et tue, homme-fléau, l'opprobre, le scandale et l'effroi de la conscience, destiné à montrer jusqu'où peut aller le mal, qui en a reculé les bornes, qui a déshonoré même le crime par l'hypocrisie, qui l'a mêlé à tous les vices comme il a mêlé l'agiot à l'empire, le sang à la boue et le champagne à l'eau bénite ; ogrillon de Corse, croisé de prince, de prêtre et de grec, d'histrion, de ribaud et de bourreau, sorte de métis de Bonaparte et de Macaire, de Machiavel et de Mandrin, de marquis de Sade et de Torquemada ; Napoléon de nuit, qui a eu pour soleil d'Austerlitz la lueur funèbre des reverbères de Décembre, Napoléon coupe-tête, Napoléon coupe-bourse, altesse crépusculaire, empereur de clair-de-lune, roi de Bohême, protecteur des lingots, constable d'Angleterre, héros d'Eglington, de Boulogne et de Satory, vainqueur de Clichy, de Belley et de Clamart ; Napoléon dernier, couronné de tous les forfaits, coups d'état et coups de main, chargé, Dieu merci ! d'exécuter jusqu'à son nom, de rendre odieux et ridicules tous les Napoléons passés, présents et futurs, de changer en terme de mépris et de haine ce nom désormais infâme, de le vouer à l'exécration de l'avenir, de le consigner enfin avec une tache ineffaçable et comme une éternelle injure dans la mémoire du genre humain !

Ni paix ni trève avec cet homme... ce n'est pas un homme, avec ce monstre. Il est honteux de vieillir sous lui. Esclave qui le laisse règner, assassin qui le laisse tuer. Tolérer ses crimes n'est pas seulement lâcheté, c'est complicité. Permettre le mal, c'est le commettre. Son règne est un reproche à nos courages autant qu'une menace à nos sûretés. Nous sommes dans le cas de légitime défense ; et puisqu'il se proclame obstacle, puisqu'il se pose en travers du chemin, puisqu'il barre le passage à tous avec le trône et l'échafaud, que la France fasse comme la fille de Tarquin, qu'elle lui passe sur le corps plutôt que de reculer ! Qu'il serve encore à prouver, celui-là comme les autres, que le châtiment atteint le crime. Le trône le met hors la loi ; l'échafaud hors l'humanité. Que l'horreur qu'il inspire le presse donc de toutes parts ! que la terre elle-même le combatte ! que les pavés se soulèvent sous ses pieds ! que les tuiles le frappent à la tête, comme Pyrrhus ! que les outils deviennent des armes ; qu'on les trempe dans le sang et les larmes des victimes ! Ce n'est plus seulement avec du coton et du sucre qu'il faut faire de la poudre, oui, c'est avec les larmes, avec le sang, avec tout ce que peuvent fournir de plus explosif les cœurs exaspérés. Que tout soit dans la main de tous, arme de guerre, moyen de combat ! Point de César sans Brutus ! A bas le tyran !

Au nom des veuves et des orphelins, au nom des tombes pleines et des foyers vides, au nom des exilés qui couvrent les monts et les mers, des prisonniers qui remplissent les geôles, des morts qui remplissent les fosses, de par toutes ces voix gémissantes qui crient vengeance du fond de la terre et des quatre coins du ciel, au nom du droit, au nom de l'honneur, pour le salut de la France et du monde entier, frères, armons-nous, délivrons-nous et délivrons les autres ! Que le Peuple français reprenne enfin son beau titre de peuple libre, et le titre encore plus beau de peuple libérateur ! Qu'il se souvienne en recouvrant sa liberté, qu'il se souvienne comment il l'a perdue ! Pour n'avoir pas délivré l'Italie, il l'a enchaînée et il s'est enchaîné lui-même. Le 5 Mars a fait le 13 Juin ; le 13 Juin, le 31 Mai ; le 31 Mai, le 2 Décembre. Liberté oblige ou servitude suit. Qu'il fasse donc la révolution pour tous, s'il la veut garder pour lui ! Qu'il fasse la dernière guerre, la guerre sainte, la guerre du droit, la guerre de Dieu, la guerre que Dieu veut, que le Peuple peut, la croisade du dix-neuvième siècle, non plus pour la délivrance d'un tombeau, d'un Christ mort, mais pour le salut des peuples vivants, pour la délivrance de l'humanité ! Qu'il se lève en masse, qu'il refasse ses quatorze armées, qu'il retrouve ses volontaires, sa *Marseillaise*, son audace, sa furie de 93, tous ses miracles d'autrefois augmentés, s'il se peut, de la plus-value de la cause ; qu'il se retrouve tout entier, cœur et bras, foi et force, effréné, indomptable, invincible ; qu'il s'enrôle, qu'il marche encore s'il le faux sans culotte et pieds nus, non plus seulement au secours de la patrie en danger, mais pour la liberté du monde ; qu'il mette sa blouse au bout de sa pique en signe d'affranchissement des peuples ; qu'il répète, en l'agrandissant encore, ce grand cri de la Convention nationale : Jusqu'à ce que la France... jusqu'à ce que le monde soit libre, le Peuple français debout contre les tyrans... debout pour la République démocratique et sociale, universelle !

Salut et fraternité !

Les Républicains démocrates-socialistes, membres de la Société la *Commune Révolutionnaire*.

Voté à Londres, le 15 août 1852 ; publié le 22 septembre, anniversaire de la première République.

Les Commissaires élus pour certifier la copie conforme :

FÉLIX PYAT, CAUSSIDIÈRE, BOICHOT.

9 782014 095654